W0368780

© 2001, Albin Michel jeunesse,
22, rue Huyghens - 75014 Paris
www.albin-michel.fr
Loi 49956 du 16 juillet 1949
sur les publications destinées à la jeunesse
Dépôt légal : second semestre 2001
N° d'édition : 12126 – ISBN : 2-226-11811-X
Impression et reliure : Pollina s.a., 85400 Lucon - n° L82992

Yves Got

Joyeux Noël Didou !

Mon premier livre de mots

ALBIN MICHEL JEUNESSE

La photo de famille

La lettre au Père Noël

La couronne de houx

Les étoiles filantes

La nuit

Les boules

Le sapin

Les ribambelles

Les étoiles

Les pommes de pin

Les sucres d'orge

Le mixeur

Les tabliers

Les biscuits

Les spatules en bois

Les oranges

La boîte de chocolats

La coupe de glace

La table

Les serviettes en papier

Les bougies

Le pull à col roulé

Les collants

L'écharpe

La salopette de ski

Les moufles

Le bonnet

Les bottes fourrées

La doudoune

Le bonhomme de neige

La neige

La maison des oiseaux

L’ange

Les patins à glace

La patinoire

La bataille de boules de neige

La luge

Le parapente

Le casque

Le surf des neiges

Le chasse-neige

Le téléphérique

Le ski

Le cerf

Le hibou

Le loup

Le renard

Le chien de traîneau

Le chien de montagne

Le pingouin

L’ours

L’âne

L'agneau

La rue illuminée

La vitrine

Le magnétophone

La lecture

Les dominos

Le petit ordinateur

Les instruments de musique

Le coloriage

La colle

Le papier et le ruban

Les ciseaux

La peinture

Le clown

Le théâtre de marionnettes

Les lutins

Le Père Noël

Le renne

Le traîneau

La cheminée

Les cadeaux

La trottinette

Le cheval à bascule

La voiture télécommandée

Le dinosaure

Le déguisement de princesse

Le costume de Batman

Le robot

La petite cuisine

La trousse d'infirmière

L’établi et les outils

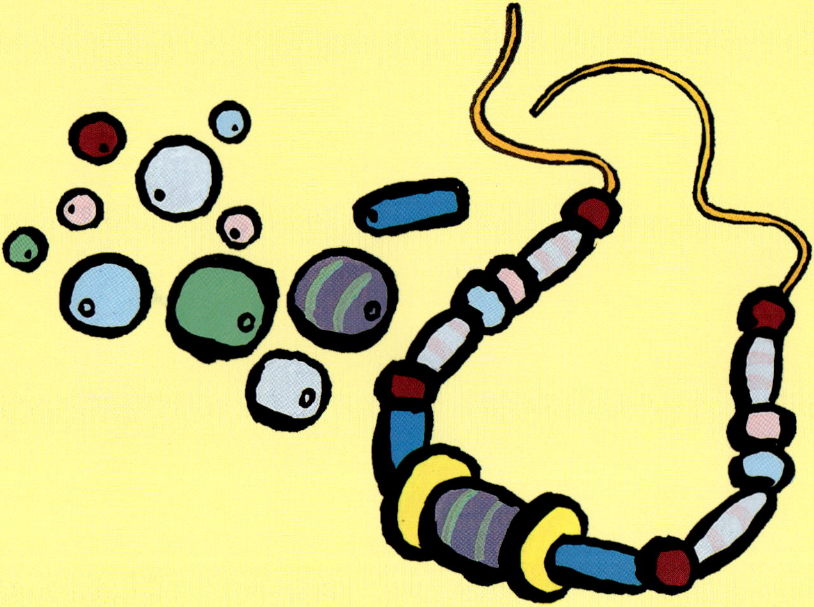

Les perles

Le château fort

Le singe en peluche

Le dauphin gonflable

La poupée

Le circuit automobile

La dînette

Le livre

Maman

Papa

Papy

Mamie

Les cousins Max et Alex

Tom et sa maman

Sophie

Didou

Table des matières

• **Introduction**
(page 7)
La photo de famille

• **En attendant Noël**
(pages 8 à 17)
La lettre au Père Noël
La couronne de houx
Les étoiles filantes
La nuit
Les boules
Le sapin
Les ribambelles
Les étoiles
Les pommes de pin
Les sucres d'orge

• **Les gourmandises de Noël**
(pages 18 à 27)
Le mixeur
Les tabliers
Les biscuits
Les spatules en bois
Les oranges
La boîte de chocolats
La coupe de glace
La table
Les serviettes en papier
Les bougies

• **Didou s'emmitoufle**
(pages 28 à 35)
Le pull à col roulé
Les collants
L'écharpe
La salopette de ski
Les moufles
Le bonnet
Les bottes fourrées
La doudoune

• **Les jeux dans la neige**
(pages 36 à 49)
Le bonhomme de neige
La neige
La maison des oiseaux
L'ange
Les patins à glace
La patinoire
La bataille de boules de neige
La luge
Le parapente
Le casque
Le surf des neiges
Le chasse-neige
Le téléphérique
Le ski

• **Les animaux**
(pages 50 à 59)
Le cerf
Le hibou

Le loup
Le renard
Le chien de traîneau
Le chien de montagne
Le pingouin
L'ours
L'âne
L'agneau

- **Les sorties en ville** (pages 60 à 61)

La rue illuminée
La vitrine

- **Les jeux à la maison** (pages 62 à 67)

Le magnétophone
La lecture
Les dominos
Le petit ordinateur
Les instruments de musique
Le coloriage

- **Noël à l'école maternelle** (pages 68 à 73)

La colle
Le papier et le ruban
Les ciseaux
La peinture
Le clown
Le théâtre de marionnettes

- **Chez le Père Noël** (pages 74 à 77)

Les lutins
Le Père Noël
Le renne
Le traîneau

- **Les cadeaux de Noël** (pages 78 à 97)

La cheminée
Les cadeaux
La trottinette
Le cheval à bascule
La voiture télécommandée
Le dinosaure
Le déguisement de princesse
Le costume de Batman
Le robot
La petite cuisine
La trousse d'infirmière
L'établi et les outils
Les perles
Le château fort
Le singe en peluche
Le dauphin gonflable
La poupée
Le circuit automobile
La dînette
Le livre

- **La famille à Noël** (pages 98 à 105)

Maman
Papa
Papy
Mamie
Les cousins Max et Alex
Tom et sa maman
Sophie
Didou

Index

A
agneau 59
âne 58
ange 39

B
bataille de boules de neige 42
biscuits 20
boîte de chocolats 23
bonhomme de neige 36
bonnet 33
bottes fourrées 34
bougies 27
boules 12

C
cadeaux 79
casque 45
cerf 50
chasse-neige 47
château fort 91
cheminée 78
cheval à bascule 81
chien de montagne 55
chien de traîneau 54
circuit automobile 95
ciseaux 70
clown 72
collants 29
colle 68
coloriage 67
costume de Batman 85
coupe de glace 24
couronne de houx 9
cousins Max et Alex 102

D
dauphin gonflable 93
déguisement de princesse 84
Didou 105
dînette 96
dinosaure 83
dominos 64
doudoune 35

E
écharpe 30
établi et outils 89
étoiles filantes 10
étoiles 15

H
hibou 51

I
instruments de musique 66

L
lecture 63
lettre au Père Noël 8
livre 97
loup 52
luge 43
lutins 74

M

magnétophone 62
maison des oiseaux 38
Maman 98
Mamie 101
mixeur 18
moufles 32

N

neige 37
nuit 11

O

oranges 22
ours 57

P

Papa 99
papier et ruban 69
Papy 100
parapente 44
patinoire 41
patins à glace 40
peinture 71
Père Noël 75
perles 90
petit ordinateur 65
petite cuisine 87
photo de famille 7
pingouin 56
pommes de pin 16
poupée 94
pull à col roulé 28

R

renard 53
renne 76
ribambelles 14
robot 86
rue illuminée 60

S

salopette de ski 31
sapin 13
serviettes en papier 26
singe en peluche 92
ski 49
Sophie 104
spatules en bois 21
sucres d'orge 17
surf des neiges 46

T

table 25
tabliers 19
téléphérique 48
théâtre
de marionnettes 73
Tom et sa maman 103
traîneau 77
trottinette 80
trousse d'infirmière 88

V

vitrine 61
voiture
télécommandée 82